This journal holds the friendly writings of:

Este diario contiene las escrituras amistosas de:

Finish this sentence:
I knew we would be best friends because...

Termina la oración: Supe que seríamos
mejores amigas porque...

Fill these flip flops with words or patterns that best fit your friend's unique styles. Have them try and guess which pair best represents them!

Rellena estas sandalias con palabras y patrones que describen el estilo único de tu mejor amiga. iItas que trate de adivinar que sandalias la describe mejor!

1. _____

2. _____

3. _____

Write messages to your best friend using this secret code, or make up a code of your own!

¡Escribe mensajes a tu mejor amiga usando este código secreto, o crea tu propio código!

5

Friends share their feelings, their ideas, and even their desserts! List ten things that you've shared with your friends.

¡Las amigas comparten sentimientos, ideas, y hasta los postres! Escribe diez cosas que hayas compartido con tus amigas.

1.

2.

3.

4.

5.

6.

7.

8.

9.

10.

You and your best friend probably have a lot in common. Are there any movies, books, TV shows, or sports you both love? Why? Are there any things about this interest that you're both passionate about? Are there things that you don't agree on? Describe below.

Tú y tu mejor amiga probablemente tienen mucho en común. ¿Hay algunas películas, libros, programas de TV o deporte que las dos amen? ¿Por qué? ¿Existe alguna cosa que a las dos les apasione? ¿Existe alguna cosa en la que no estén de acuerdo? Descríbelo abajo.

What's the zaniest adventure you and your friends have ever been on? Draw a map of your experience below.

¿Cuál es la aventura más alocada en la que has estado con tus amigas? Dibuja un mapa de tu experiencia.

#SQUAD #EN EQUIPO

Write the names of your friends under each picture, then add accessories that match each friend's unique style!

¡Escribe los nombres de tus amigas debajo de cada figura, luego agrégales accesorios que identifiquen el estilo único de cada una de tus amigas!

What qualities do you most admire about your friends? What do they admire about you?

¿Qué cualidades admiras de tus amigas? ¿Qué cualidades admiran ellas de ti?

I am fearless

SOY SIN MIEDO

¡Diseña acá una playera para tu mejor amiga...

... then ask your friend to design this one for you!

...luego pídele a tu amiga que diseñe una para ti!

Sometimes opposites attract! Write about a time you made friends with someone who seemed different than you at first, and what you have in common now.

¡Algunas veces los opuestos se atraen! Escribe de alguna vez que te hayas hecho amiga de alguien que al principio se veía muy diferente a ti, y que cosas tienen en común ahora.

17

Describe a time your friends made you feel super special. Was it on your birthday? Was it to cheer you up? Then describe a time you made a friend feel special. How did that make you feel?

Describe alguna vez que tus amigas te hicieron sentir súper especial. ¿Fue en tu cumpleaños? ¿Fue para animarte? Ahora describe algún momento en el que tus hayas hecho sentir especial para tu amiga. ¿Cómo te sentiste?

What is the nicest thing a friend has ever done for you? How did it make you feel?

¿Qué ha sido lo más lindo que una amiga ha hecho por ti? ¿Cómo te hizo sentir?

Fill these sunglasses with words or patterns that best fit your friends' unique styles. Have them try and guess which pair best represents them!

Rellena estes lentes de sol con palabras y patrones que describan el estilo único de tu amiga. Hazla que trate y adivine que par la describe.

1. _____

2. _____

3. _____

MAKE A
CHATTERBOX

Pick a theme for your Chatterbox, a fun fortune-telling game. Follow the instructions on the following page to construct your box. To play, have a friend choose a color on one of the top four squares. Spell out the color while you open and close the box once for each letter. Open up-and-down and side-to-side as you spell out the word. When you stop, the player then chooses one of the four numbers on the inside. Open and close the box again, counting to the number they chose. When you've stopped counting, look inside and let the player choose again. Open and close the box again, then choose a number for the last time. Open the panel under the final number they chose and read the fortune!

HAS UNA
PERLANCHINA

Escoge un tema para tu parlanchina, un juego divertido para adivinar tu fortuna. Sigue las instrucciones en la siguiente página para construir tu caja. Para jugar, que un amigo escoja un color en uno de los cuadros de arriba. Deletrea el color mientras abres y cierras la caja por letra. Abre arriba-abajo y de lado al lado mientras deletreas la palabra. Cuando pares, el jugador escoge uno de los cuatro números de adentro. Abre y cierra la caja de nuevo, contando el número que el escogió. Cuando hayas parado de contar, mira adentro y deja que el jugador escoja de nuevo. Abre y cierra la caja de nuevo, luego escoge un número por una última vez. ¡Abre la pestaña del último número que el allá escogido y lee la fortuna!

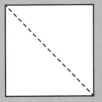 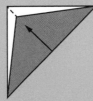 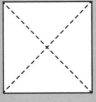 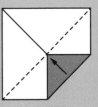

1. Cut out the square on the next page and fold it in half diagonally forming two triangles. Now unfold it.

2. Fold one corner diagonally to the other corner.

3. Open the paper; you now have a center point.

4. Fold each corner of the paper toward the center point.

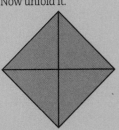 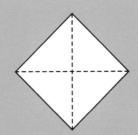 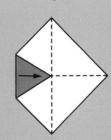

5. Your Chatter Box should now look like this.

6. Flip the paper over so that the folded sides face down.

7. Fold all four corners in, meeting in the center.

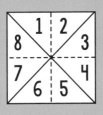 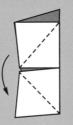 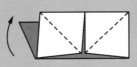

8. Number each of the triangles.

9. Fold the paper vertically into a square.

10. Unfold and fold the square in half horizontally. Unfold again.

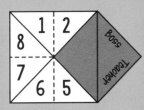 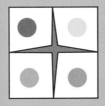 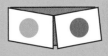

11. Open each flap and write two fortunes (like a career) on each flap. These will be your answers.

12. Flip it over and add a color to each flap.

13. With the numbered side facing up, fold the square in half and slip your thumbs and pointer finger under the four flaps.

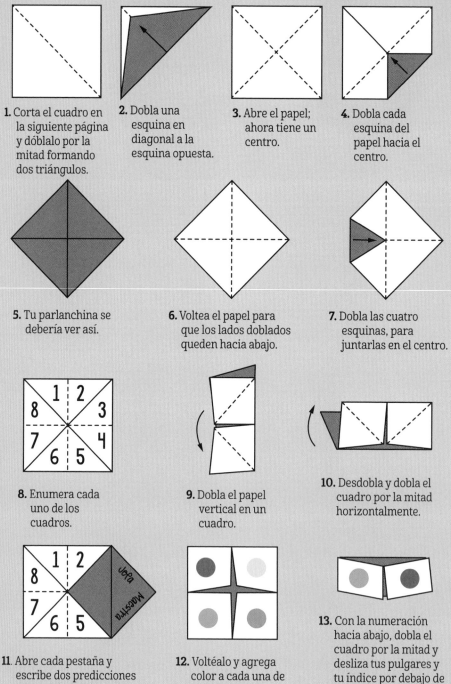

1. Corta el cuadro en la siguiente página y dóblalo por la mitad formando dos triángulos.

2. Dobla una esquina en diagonal a la esquina opuesta.

3. Abre el papel; ahora tiene un centro.

4. Dobla cada esquina del papel hacia el centro.

5. Tu parlanchina se debería ver así.

6. Voltea el papel para que los lados doblados queden hacia abajo.

7. Dobla las cuatro esquinas, para juntarlas en el centro.

8. Enumera cada uno de los cuadros.

9. Dobla el papel vertical en un cuadro.

10. Desdobla y dobla el cuadro por la mitad horizontalmente.

11. Abre cada pestaña y escribe dos predicciones sobre el futuro (como una carrera) en ellas. Estas deben ser tus preguntas.

12. Voltéalo y agrega color a cada una de las pestañas.

13. Con la numeración hacia abajo, dobla el cuadro por la mitad y desliza tus pulgares y tu índice por debajo de las cuatro pestañas.

TEMPLATE (INSIDE)

Use this measured template to get started,
then have fun creating your own!

MODELO (POR DENTRO)

¡Utiliza esta plantilla medida para empezar tu modelo,
luego diviértete creando el tuyo propio!

TEMPLATE (OUTSIDE)

Color this side with help from your friends; ask everyone to
add their favorite color to the design.

MODELO (POR FUERA)

Colorea este lado con la ayuda de tus amigas; dile a cada
una que agregue su color favorito.

Share some of your answers here!
¡Comparte algunas de tus respuestas acá!

What makes a friend a "best friend"?

¿Qué hace una amiga "tu mejor amiga"?

Your favorite blog is holding an essay contest. The winner gets two concert tickets to see your favorite band. Write an email on what makes you the biggest fan and who you would take with you and why.

Tu blog favorito tendrá un concurso. La ganadora recibirá dos boletos el concierto de su banda favorita. Escribe un correo para contar que te hace la fan más grande y a quien te gustaría llevar y por qué.

Draw yourself at your dream job, then ask a
friend to draw their dream job on the next page.

MY ULTIMATE
DREAM JOB

Dibújate en el trabajo de tus sueños, luego dile a tu amiga que
en la siguiente página se dibuje en el trabajo de sus sueños.

mi TraBajo soñaDo

Tell a story about a favorite memory you've shared with a friend. What made it special and memorable?

Cuenta un recuerdo favorito que hayas compartido con tu amiga. ¿Qué lo hizo especial e inolvidable?

Describe how and where you met your best friend. Do you still hang out there?

Describe cómo y dónde conociste a tu mejor amiga. ¿Sigues pasando el rato ahí?

Fill these purses with words or patterns that best fit your friends' unique styles. Have them try and guess which style best represents them!

Rellena estas carteras con palabras y patrones que describan el estilo único de tus amigas. ¡Has que traten de adivinar que estilo las representa mejor!

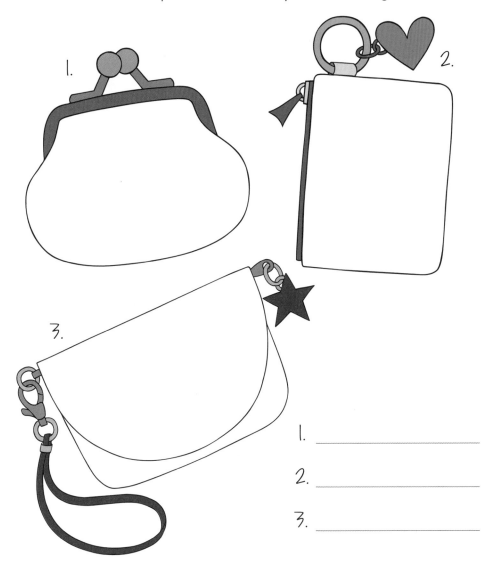

1. _____

2. _____

3. _____

Design two unique pieces of jewelry for you
and your best friend. Draw them below.

Diseña dos joyas únicas para ti y tu
mejor amiga. Dibújalas aquí.

Decorate some hearts with unique doodle patterns.
Have a friend fill in the rest.

Decora algunos corazones con patrones únicos.
Deja que tu amiga rellene el resto.

Photocopy page 41 or 42, one for each friend. Write your name at the top of the page and pass it to a friend. Keep passing until each friend in your group had a chance to write on everyone else's paper one reason why they think that person is amazing. When you're finished, exchange papers so you can see the reasons why your friends think you're the best!

Fotocopia página 41 o 42. Reparte una hoja a cada una de tus amigas, luego cada quien escriba sus nombres hasta arriba de la hoja e intercambien la hoja en el grupo, continúen pasándola hasta que cada una haya podido escribir por qué creen que sus amigas son sorprendentes. ¡Cuando todas hayan escrito la razón, cada quien puede leer su hoja y ver porque tu amiga piensa que eres la mejor!

some of the reasons

_____

is AMAZING

Algunas de las razones

_____

es sorprendente

Write the best advice you've ever heard in the bubble below.
Color in the design and share your artwork with a friend.

Escribe el mejor consejo que hayas escuchando dentro
de la burbuja. Coloréala y comparte tú obra de arte con
tu amiga.

List ten songs you and your friends love to sing or dance to together.

Enumera diez canciones que a ti y a tu amiga les guste cantar y bailar juntas.

1.

2.

3.

4.

5.

6.

7.

8.

9.

10.

What would your perfect bedroom look like?
How would you arrange your furniture and bed?
Draw a top-down view of it below.

¿Cómo sería tu cuarto favorito? ¿Cómo colocarías
tus muebles y tu cama? Dibújalo con vista desde
arriba en el espacio de abajo.

Attach a picture of your silliest selfie
with your bestie here.

Agrega una foto chistosa de ti
y tu mejor amiga misma aquí.

Describe a time that you had to be strong for someone you care about. Where did you pull your strength from?

Describa alguna ocasión en la que hayas sido fuerte para alguien que es importante para ti. ¿De dónde sacaste las fuerzas?

I am STRONG

Extroverts love to go out and socialize. Introverts like quiet time at home with a book or movie. Which one are you? Which one is each of your friends? What do you like to do together so everyone has fun?

Personas extrovertidas le gusta salir y ser sociables. Las personas introvertidas les gusta quedarse en casa leer un libro o ver una película. ¿Cómo eres tú? ¿Cómo es tu amiga? ¿A qué les gusta hacer juntas para que las dos se diviertan?

You are as pretty as a picture!
Doodle a portrait of your bestie here...

¡Eres tan bonita cómo una foto!
¡ittas un retrato de tu mejor amiga aquí...

How different was your life before you met your best friend? Explain how it's better now that you are together.

¿Qué tan diferente era tu vida antes de conocer a tu mejor amiga? Explica cómo es mejor ahora que están juntas.

List a few inside jokes that only your best friend would understand. What are the stories behind them?

Enumera algunas bromas que solo tu y tu mejor amiga comprendan. ¿Cuál es la historia detrás de estas bromas?

Fill these summer accessories with words or patterns that best fit your friends' unique styles. Have them try to guess which piece best represents them!

Rellena estos accesorios de verano con palabras o patrones que mejor describan el estilo único de tus amigas. ¡Has que adivine cuál las representa mejor!

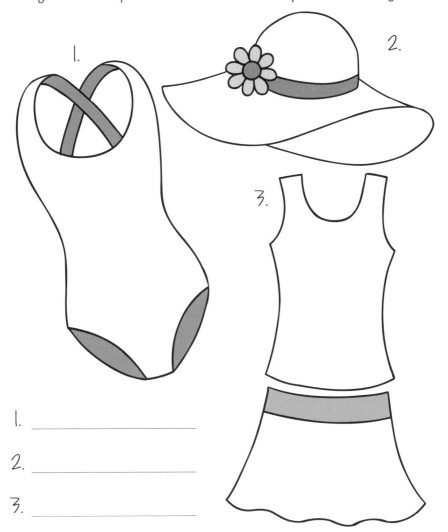

1.

2.

3.

1. _____

2. _____

3. _____

What sort of sports do you like to play? If you could create a team, which of your friends would you pick? What would your uniforms look like?

¿Qué deportes te gustan jugar? ¿Si pudieras armar un equipo, a cuales de tus amigas escogerías? ¿Cómo serían tus uniformes?

One Year Ago
FLASHBACK!

Paste a photo below from a year ago. On the next page,
describe how your life has changed since then.
Do you have new friends? New hobbies?

¡Recuerdo!
HACE UN AÑO

Pega una foto de hace un año. En la página siguiente, describe
cómo tu vida ha cambiado desde entonces. ¿Tienes nuevas
amigas? ¿Nuevos pasatiempos?

Create a bucket list of places all over the world that you'd like to explore with your friends.

Crea un listado de lugares alrededor del mundo que te gustaría explorar con tus amigas.

1.

2.

3.

4.

5.

6.

7.

8.

9.

10.

63

Create a two-piece best friend's necklace that you could share with your bestie. Sketch it below, then have her add her ideas to your design.

Crea un collar de dos piezas que puedas compartir con tu mejor amiga. Trázalo en la hoja, luego que pídele a tu mejor amiga que agregue sus ideas a tu diseño.

List four words or phrases that describe your BFF, then let your friend list four that describe you! Are they similar?

iEnumera cuatro palabras o frases que describan a tu mejor amiga, luego que tu amiga enumere cuatro que te describan a ti! ¿Son similares?

Flash-forward twenty years. What does your life look like now? How about the lives of your friends? How have your friendships changed?

Viaja veinte años en el futuro. ¿Cómo se ve tu vida ahora? ¿La vida de tus amigas? ¿En que ha cambiado tu amistad?

SOY HERMOSA

Design superhero outfits for you and your best friend.

Diseña un traje de superhéroe para ti y para tu
mejor amiga.

Create a best friend contract.
List some promises to your bestie...

Crea un contrato de mejoras amigas. Enumera
algunas promesas para tu mejor amiga...

...now ask her to create one for you.

...ahora pídele a ella que cree unas para ti.

Smile for the cameras! You're starring in a movie of your life. Cast your friends in roles that fit their personalities. Describe each character and why you'd choose them for their specific roles.

¡Sonríe para las cámaras! Eres la protagonista en la película de tu vida. Entrevista a tus amigas en papeles que les quede bien para sus personalidades. Describe cada personaje y el porqué de sus actuaciones.

What's your definition of a friend? A best friend? How are they different?

¿Cuál es tu definición de amiga? ¿De mejor amiga? ¿En que son diferentes las definiciones?

Customize these jeans with doodly decorations that best
fit your friends' unique styles. Have them try and guess
which pair best represents them!

Personaliza estos pantalones con patrones que describan
el estilo único de tus amigas. iHazlas que traten de
adivinar que pantalón las describe mejor!

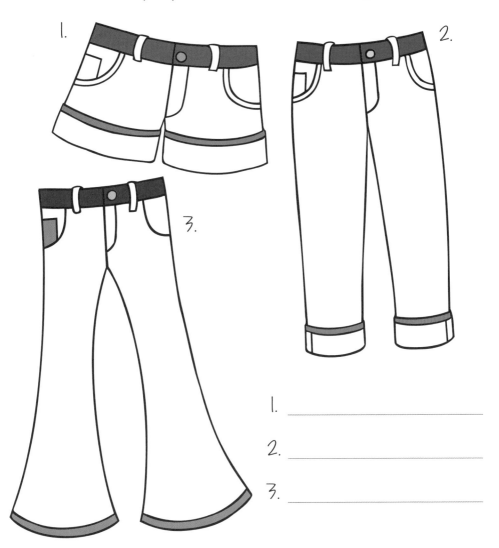

1. _____

2. _____

3. _____

What sort of talent show act would you do with your friends? Would you sing a song or perform a dance together? Would you act out a movie scene or tell jokes? Describe your perfect performance below.

¿Qué clase de show de talentos te gustaría hacer con tus amigas? ¿Cantarían una canción o una coreografía? ¿Actuarían alguna de escena de alguna película o contarían chistes? Describe el acto perfecto a continuación.

IN THE KNOW!

Here's a way to find out fun things about your friends! Photocopy page 79 or 80. Each friend in your group should list five fun facts about themselves. When you're finished, exchange papers so you can find out what really makes your buddies tick!

¡CONOCIENDO!

¡Aquí hay una manera para que conozcas cosas divertidas de tus amigas! Fotocopia página 79 o 80. Cada amiga en el grupo debe hacer un listado de cinco cosas graciosas de ellas. ¡Cuando terminen, intercambien hojas para descubrir más de cada una!

79

¡5 verdades sobre mí!

What ten words best describe you? Only one-word answers allowed! Color in the design and share your artwork with a friend.

¿Cuáles diez palabras te describen mejor? ¡Solamente respuesta de una palabra permitida! Colorea el diseño y compártelo con tu amiga.

Friends oftentimes speak their own language. List ten words that only you and your friends use as your own secret code.

Amigas usualmente hablan su propio idioma. Has una lista de diez palabras que solo tu y tu amiga utilicen cómo código secreto.

1.

2.

3.

4.

5.

6.

7.

8.

9.

10.

If you and your friends had a "friendship flag," what items would be on it? Draw it below and point out the items that have particular significance to you.

¿Si tu y tus amigas tuvieran una "bandera de la amistad," que objetos le pondrían? Dibújala en el espacio de abajo, y señala los objetos que tengan un significado especial para ti.

List five of your proudest achievements.
Reflect on the time it took to meet your goals
and how good it felt.

Has una lista de cinco logros de los que estás
orgullosa. Reflexione en el tiempo que te llevo
cumplir tus metas y lo bien que se siente.

What characteristics make you a "great" friend? Do you look for the same qualities in your friends?

¿Qué características te hacen una "gran" amiga? ¿Tratas de encontrar esas cualidades en tus amigas?

SOY
gENiAL

Is there a painting, photo, or song that reminds you of your best friend? Why does it remind you of her? Is there a special memory?

¿Hay alguna pintura, foto o canción que te recuerde a tu mejor amiga? ¿Por qué te recuerda a ella? ¿Hay alguna memoria especial?

Which type of bag is your style?
Design and doodle your favorite bag in the frame below...

¿Qué tipo de cartera es tu estilo? Diseña y traza tu
cartera favorita en el marco de abajo...

...ask your friend to doodle her favorite bag on this side.
Are the designs similar, or very different?

...pídele a tu amiga traza su cartera favorita en este lado.
¿Son los diseños similares, o muy diferentes?

True friends love you unconditionally. Write about a time you and your friend had an argument and how you made up. What did you learn about how you communicate?

Las verdaderas amigas aman incondicionalmente. Escribe acerca de alguna vez que tu y tu amiga hayan discutido y de cómo se reconciliaron. ¿Qué aprendiste acerca de comunicarte?

Pretend you're planning a surprise party for your best friend! Who would you invite? Where would it be (anywhere in the world)? How would you decorate? What sort of food would you have?

¡Pretende que estás planeando una fiesta sorpresa para tu mejor amiga! ¿A quién te gustaría invitar? ¿Dónde sería (cualquier lugar del mundo)? ¿Cómo decorarías? ¿Qué clase de comida tendrías?

95

TURN IT UP!

Music plays an important role in our lives. Your choice of music can reveal a lot about your personality. On page 97 or 98, compile a soundtrack for your day by creating an ULTIMATE playlist. Compare your list with your friends' lists. Are they similar? Different?

¡ENCIÉNDELA!

La música tiene un papel importante en nuestras vidas. Tu elección de música puede decir mucho de tu personalidad. En página 97 o 98 reúne las canciones de tu día para crear tu playlist. Compara tu lista con las de tus amigas. ¿Son similares? ¿Diferentes?

My ULTIMATE PLAYLIST!

1. _____
2. _____
3. _____
4. _____
5. _____
6. _____
7. _____
8. _____
9. _____
10. _____

11. _____
12. _____
13. _____
14. _____
15. _____
16. _____
17. _____
18. _____
19. _____
20. _____

mi ★ PLAYLIST ★ ▶
ÚLTIMO

1. _____
2. _____
3. _____
4. _____
5. _____
6. _____
7. _____
8. _____
9. _____
10. _____

11. _____
12. _____
13. _____
14. _____
15. _____
16. _____
17. _____
18. _____
19. _____
20. _____

What is your favorite type of music?
Color in the design using colors that match your musical style.

MUSIC

¿Cuál es tu música favorita?
Colorea el diseño usando los
colores que describen tu
estilo música.

List your your top ten "go anywhere and do anything" experiences. Why are these places and experiences important to you?

Has un listado de tus diez canciones favoritas para "ir a cualquier lado y hacer cualquier cosa." ¿Porque estos lugares y experiancias son importantes para ti?

1.

2.

3.

4.

5.

6.

7.

8.

9.

10.

Which mythical creature (unicorn, dragon, mermaid, werewolf, etc.) is your favorite? Draw it below...

Qué criatura mística (unicornio, dragón, sirena, hombre lobo, etc.) es tu favorita? Dibújalo aquí abajo...

... and then ask your friend to draw theirs on this page. How are they similar? How are they different?

...luego dile a tu amiga que dibuje el de ella. ¿Cómo son similares? ¿Cómo son diferentes?

A spirit animal refers to a spirit that helps guide or protect a person on a journey and whose characteristics a person shares. What is your spirit animal? Draw it below, then ask your friend to draw theirs on the next page. How are they similar? How are they different?

El espíritu animal se refiere a un espíritu el cual guía y protege a las personas en su viaje por la vida y las características de esa persona. ¿Cuál es tu animal espiritual? Dibújalo aquí abajo, luego pídele a tu amiga que dibuje el de ella en la página siguiente. ¿Son similares? ¿Son diferentes?

Describe some of the things that make you a one-of-a-kind person. What is your most unique quality? What are some unique qualities in your friends?

Describe algunas de las cosas que te hacen única. ¿Cuál es tu mayor cualidad única? ¿Cuál es las cualidades únicas en sus amigas?

I am unique

Soy único

Which of your friends makes you laugh the hardest? Write about a time that you both couldn't stop laughing. How would you describe your sense of humor?

¿Cuál de tus amigas te hace reír más? Escribe de alguna un momento en la que ninguna podía dejar de reírse. ¿Cómo describirías tu sentido del humor?

Use these circles to create emojis that best fit
your friends' personalities. Have them guess
which person is which emoji!

Utiliza estos círculos para crear emojis que
describan la personalidad de tus amigas. ¡Hazlas
que adivinen que emoji representa a cada persona!

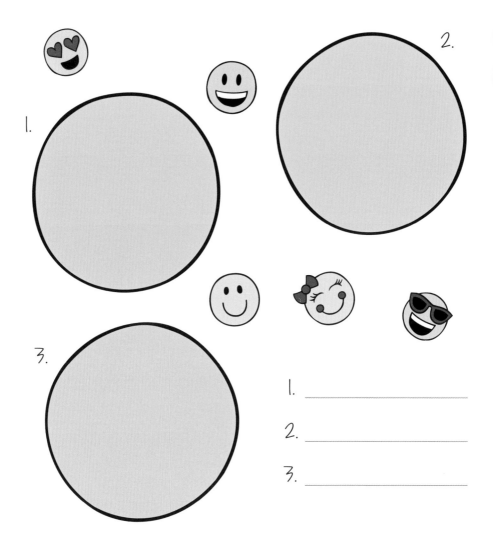

1. _____

2. _____

3. _____

Put a Smile on a Friend's Face!

Your friends are always there for you, on good days and bad days. Why not be there for them when they're having a bad day, too? On page 111 or 112, list your favorite things about them. Add color and doodle designs to match their unique personality. Don't forget to add their name in the center bubble. When you're done, give your friend the page and watch them smile!

¡Pon una Sonrisa en la Cara de su Amiga!

Tus amigas siempre está allí para ti, en días buenos y días malos. ¿Por qué no estar para ellas cuando te necesitan? En página 111 o 112, haz una lista acerca de las cosas favoritas. Agrega color y patrones para describir su personalidad. No olvides de escribir su hombre en el centro de la burbuja. ¡Cuando termines dale la hoja a tu amiga y vela sonreír!

One of the best ways to calm down is to color. Invite a friend that's having a bad day to help you finish this design. Take turns filling in the empty space at the top of the page with your own doodle stars and circles and then color it all in together.

Una de las mejores maneras para calmarte está coloreando. Invita a una amiga que esté teniendo un mal día para que te ayude a terminar este diseño. Tomen turnos para llenar los espacios vacios con sus propios patrones y círculos y luego coloren lo juntas.

List ten summertime activities, crafts, games, and/or sports you like to do with friends. Why do you enjoy them? Are there some you would like to do more often throughout the year?

Has una lista de diez actividades de verano, manualidades, juegos y/o deportes que te guste jugar con tus amigas. ¿Porque los disfrutas? ¿Hay alguno que te guste practicarlo más seguido durante el año?

1.

2.

3.

4.

5.

6.

7.

8.

9.

10.

Write about someone you admire with lots of descriptive words. Then read it to your friends and see if they know who you're talking about.

Escribe acerca de una persona que admiras con muchas palabras descriptivas. Luego léela a tus amigas y descubre si saben de quien estás hablando.

Draw bookshelves that hold you and your friends' favorite books. Use pretty lettering to create the titles. How are the books similar? How are they different?

¿Dibuja estanterías que tenga tus libros favoritos y los de tus amigas? Usa linda escritura para crear los títulos. ¿Cómo son los libros similares? ¿Cómo son los libros diferentes?

Take a moment to think about the friendships you have or have had while coloring the artwork below. Which friends can you tell anything to? Are there any that you wish you were closer to? How can you be a better friend to others?

Tómate un momento para pensar sobre la amistad que tienes o has tenido mientras coloreas. ¿A qué amiga le puedes contar cualquier cosa? ¿Hay alguna a la que quisieras estar más cerca? ¿Cómo puedes ser una mejor amiga para otras?

What type of music do you listen to that always lifts your spirits when you're feeling down? Do your friends like the same type of music?

¿Qué tipo de música escuchas que siempre te levanta el animo cuando tú sientes decaído? ¿A tus amigas les gusta el mismo tipo de música?

I am PROUD

estoy orgullosa

What are some things about your friends that inspire you? Do they have good habits you want to pick up? Do they have a talent you admire? Describe them below.

MY INSPIRATION!

¿Qué cosas de tu amiga te animan? ¿Tiene algunos buenos hábitos que quieras copiar? ¿Tiene algún talento que admires? Descríbelo.

mi inspiración!

It's your birthday and you're planning to have a slumber party. Who do you invite? What movies are you going to watch? Are you going to play any games?

Es cumpleaños y estás planeando una pijamada. ¿A quienes invitarías? ¿Qué películas verían? ¿Juagarían algún juego?

What colors would you give your three best friends based on their moods and personalities? Why?

Qué colores le darías a tus tres mejores amigas en función de sus estados de ánimo y personalidades? ¿Por qué?

Decorate these donuts to match your friends' personalities. Then show them and have them guess which treat represents which person.

Decora estas donas para describir la personalidad de tu amiga. Luego pide que adivinen cual las donas las representan mejor.

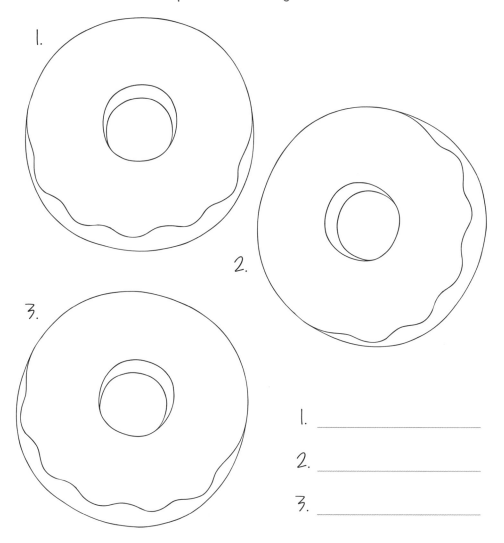

1.

2.

3.

1. _____

2. _____

3. _____

About the Artist

Jess Volinski is a graduate of the School of Visual Arts in New York, NY, and the author/illustrator of more than a dozen coloring and activity books, including *Notebook Doodles® Super Cute*, *Notebook Doodles® Go Girl!*, and *Notebook Doodles® Sweets & Treats*. Besides creating books, she currently licenses her art for the publishing, fashion, and tableware industries. Originally from Connecticut, Jess now lives in southern New Jersey with her husband and two kids.

Notebook Doodles® Activity Books and Journals

ISBN 978-1-64178-108-4

© 2020 by Jess Volinski and Quiet Fox Designs, *www.QuietFoxDesigns.com*, an imprint of Fox Chapel Publishing Company, Inc., 903 Square Street, Mount Joy, PA 17552.

All art by Jess Volinski except the Chatterbox illustrations by Llara Pazdan on pages 23, 24, and 27.

We are always looking for talented authors and artists. To submit an idea, please send a brief inquiry to acquisitions@foxchapelpublishing.com.

Printed in Singapore

First printing